Seja Sustentável

COMO TORNAR O MUNDO MELHOR

Jennifer Moore-Mallinos Gustavo Mazali

Tradução
Monique D'Orazio

Ciranda Cultural

Sumá

- Produza energia com um moinho de vento, 4
- Plante uma árvore, 6
- Limpe um riacho, 8
- Faça compostagem, 10
- Ajude a salvar as abelhas, 12
- Reutilize sacolas, 14
- Colete água da chuva, 16
- Use a energia do sol, 18
- Ajude os agricultores, 20
- Use fertilizantes naturais, 22
- Não use latas de aerossol, 24
- Produza oxigênio, 26
- Produza eletricidade com uma roda d'água, 28
- Reutilize jornal picado, 30
- Economize eletricidade, 32
- Armazene alimentos em potes reutilizáveis, 34
- Caminhe ou use transporte público, 36
- Feche a torneira, 38
- Proteja a vida selvagem, 40
- Ilumine seu quintal, 42
- Não derrame óleo, 44
- Use uma lixeira para lixo reciclável, 46
- Use protetor solar não tóxico, 48
- Mantenha a grama verde sem prejudicar o meio ambiente, 50
- Ajude os recifes de corais, 52
- Desligue o ar-condicionado, 54

r i o

- Cuide dos seus peixes-dourados, **56**
- Ajude a cadeia alimentar, **58**
- Não pesque demais, **60**
- Use menos papel, **62**
- Tire os aparelhos da tomada quando não estiverem em uso, **64**
- Alimente as aves, **66**
- Reduza a poluição do ar ao acampar, **68**
- Não polua o céu com luzes, **70**
- Ajude o meio ambiente enquanto entra em forma, **72**
- Leia um livro quando estiver entediado, **74**
- Nutra suas plantas após um chá, **76**

- Escolha o tipo de canudo que você usa, **78**
- Torne os parquinhos seguros, **80**
- Crie um presente, **82**
- Recicle garrafas plásticas para fazer roupas, **84**
- Recicle pilhas e baterias, **86**
- Faça compras sem sair de casa, **88**
- Doe suas roupas, **90**
- Tente consertar as coisas antes de jogá-las fora, **92**
- Reduza o desperdício fazendo uma lista de compras, **94**

Sabia que os moinhos de vento captam a energia limpa do vento? Quando o vento sopra e as pás do moinho giram, elas produzem eletricidade para usarmos em casa, nas escolas e nos shoppings. Essa energia é chamada de renovável porque o vento não só é gratuito, mas também nunca para de soprar.

Quais coisas na sua casa precisam de eletricidade para funcionar?

Plantar árvores, além de ajudar a manter nosso mundo verde, também fornece alimento e abrigo para animais como aves, esquilos e guaxinins.

Que tipo de árvores você vai plantar?

Ajude o meio ambiente limpando um riacho.

Sabia que muitos de nossos riachos estão poluídos com lixo e produtos químicos? Além de prejudicar o meio ambiente e a vida selvagem, essa mesma água se torna a água que bebemos. Vamos fazer a nossa parte e manter os riachos limpos e transparentes!

Você conhece algumas maneiras de proteger nossos riachos?

A compostagem é uma ótima maneira de dar um bom destino aos restos de comida, como cascas de vegetais, restos de maçãs e até saquinhos de chá usados. Basta encontrar um local no seu quintal ou até mesmo um grande recipiente onde você possa jogar os restos dos seus alimentos. Não se esqueça de mexer a compostagem de vez em quando! Em breve, todos esses restos se transformarão em adubo rico em nutrientes.

Esse adubo pode ser usado no seu jardim.

Tudo o que você precisa é de um apiário, ou seja, de uma casa de abelhas. Ele ajuda a colmeia a se manter segura para que as abelhas possam criar mais abelhas. Como você sabe, as abelhas têm um trabalho muito importante!
Elas ajudam os agricultores porque polinizam as plantações, e assim eles podem cultivar muitos alimentos. Elas também ajudam as árvores, as plantas e as flores a crescer para que possam se tornar alimento e abrigo para outras criaturas.

Não queremos que as abelhas sumam, então vamos começar a construir um apiário!

Reutilize sacolas para ajudar a Terra

Reutilizar sacolas é uma ótima maneira de reduzir o lixo nos aterros sanitários. Sabia que as sacolas plásticas podem ser reutilizadas 37 vezes; as sacolas de papel, 43 vezes; e as sacolas de pano, 7.100 vezes?

Sabendo disso, qual sacola você escolheria para reutilizar?

Colete água da chuva para usar em outras coisas

Coletar a água da chuva que escorre do seu telhado ou colocar um balde para recolher a chuva é uma ótima maneira de manter as torneiras fechadas. Basta deixar um balde em um local onde você possa coletar água, talvez embaixo da calha ou até mesmo no quintal ou na varanda. Logo você terá água suficiente para regar seu jardim ou até mesmo para lavar o carro!

Imagine todas as maneiras possíveis de reutilizar essa água!

Usar painéis solares pode ser uma opção interessante para coletar a luz e o calor do sol. Além disso, a energia coletada pode ser transformada em eletricidade e usada para aquecer uma piscina, carregar a bateria de um carro elétrico ou iluminar uma casa.

Painéis solares são uma ideia brilhante para ajudar o ecossistema!

Ir a uma feira para comprar frutas e vegetais cultivados na sua cidade é uma boa maneira de apoiar os agricultores locais. Sabia que comprar produtos locais significa que seus alimentos não precisam passar vários dias em um caminhão ou trem para chegar ao supermercado do seu bairro?

Além de ser fresco, é ecologicamente limpo!

Use fertilizantes naturais para alimentar suas plantas e seu gramado, em vez daqueles cheios de produtos químicos. Usar adubo de compostagem ou esterco animal, especialmente de vacas, ajuda a impedir que você prejudique nossos cursos d'água e todas as espécies aquáticas.

Pode parecer nojento, mas é outra maneira de ajudar nossa Terra a ficar limpa e verde! *Muuuuu!*

Não prejudique a camada de ozônio com aerossóis

Toda vez que você borrifa com uma lata de aerossol, na verdade está enfraquecendo a camada de ozônio, que nos protege do sol e dos raios ultravioleta. E quando a camada de ozônio está fina, aumenta nossa chance de adquirirmos queimaduras muito ruins de sol.

Então, vamos ajudar a camada de ozônio e usar frascos de spray em vez de aerossóis?

- Produza oxigênio para ajudar o meio ambiente

Tudo o que você precisa fazer é plantar uma flor ou um arbusto. E mesmo que você não consiga ver o oxigênio que está produzindo, você ESTÁ produzindo! Isso se chama fotossíntese. Então, vá para o jardim e comece a cavar.

Depois, relaxe, respire fundo e aproveite esse ar limpo!

Produza eletricidade com uma roda d'água

Quando a água cai nas pás da roda, ela faz a roda girar e girar, criando eletricidade.

Hoje em dia, não vemos muitas rodas d'água, mas pense em como seria legal se você conseguisse reinventar a roda!

Sabia que usar papel ou jornal picado na caixa de areia do seu gato é melhor para o meio ambiente do que os granulados sanitários que você compra na loja? E, ao contrário dessas areias e outros granulados, quando o papel triturado é descartado, ele acaba se decompondo e voltando para a Terra.

Hora de começar a picar papel!

Ajude o planeta economizando eletricidade

Sabia que o carvão e o gás natural são usados para produzir energia e que, uma vez que você usa a energia, ela não só desaparece para sempre — porque é não renovável —, mas também pode criar poluição? Economize energia apagando as luzes, tomando banhos mais curtos e abrindo a geladeira apenas quando for pegar algo para comer, não só porque está entediado.

Essas sim são ideias BRILHANTES!

Reduza a poluição armazenando alimentos em potes reutilizáveis

Em vez de usar papel-filme para conservar seu sanduíche, coloque-o em um pote reutilizável. Quando você joga fora o papel-filme, ele pode levar centenas ou até milhares de anos para se decompor, deixando resíduos químicos no solo que causam poluição e prejudicam nossas águas.

Então, da próxima vez que você preparar o lanche para a escola, simplesmente coloque em um potinho!

Ajude o clima caminhando ou usando transporte público

Quando as pessoas caminham ou usam ônibus, trem ou metrô, há menos carros nas ruas. Uma das razões para o aquecimento global — que significa que a atmosfera está esquentando — são os gases invisíveis que os veículos liberam no ar, o que prejudica a atmosfera e o nosso clima.

Vamos ajudar a manter nosso planeta verde e saudável!

Economize água fechando a torneira

Se você fechar a torneira sempre que escovar os dentes, em um mês você pode economizar mais de 700 litros de água. Isso é importante porque, embora mais da metade da Terra esteja coberta de água, só podemos usar uma quantidade pequena dessa água.

Aceita o desafio?

Os santuários de vida selvagem, ou áreas de preservação, são lugares aonde os animais podem ir para se proteger do perigo de serem caçados ou até mesmo de se tornarem extintos. Entre os animais que precisam de nossa ajuda estão os tigres, os rinocerontes, as baleias e os pandas.

Conservar os hábitats naturais salva os animais e torna nosso planeta um lugar melhor!

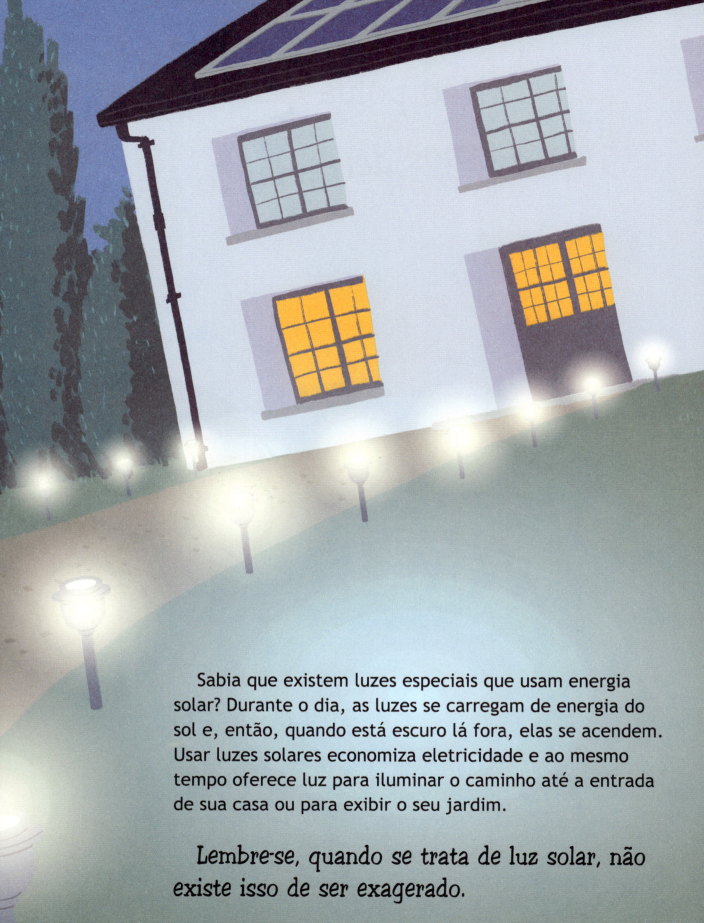

Sabia que existem luzes especiais que usam energia solar? Durante o dia, as luzes se carregam de energia do sol e, então, quando está escuro lá fora, elas se acendem. Usar luzes solares economiza eletricidade e ao mesmo tempo oferece luz para iluminar o caminho até a entrada de sua casa ou para exibir o seu jardim.

Lembre-se, quando se trata de luz solar, não existe isso de ser exagerado.

Não polua o solo e os oceanos derramando óleo

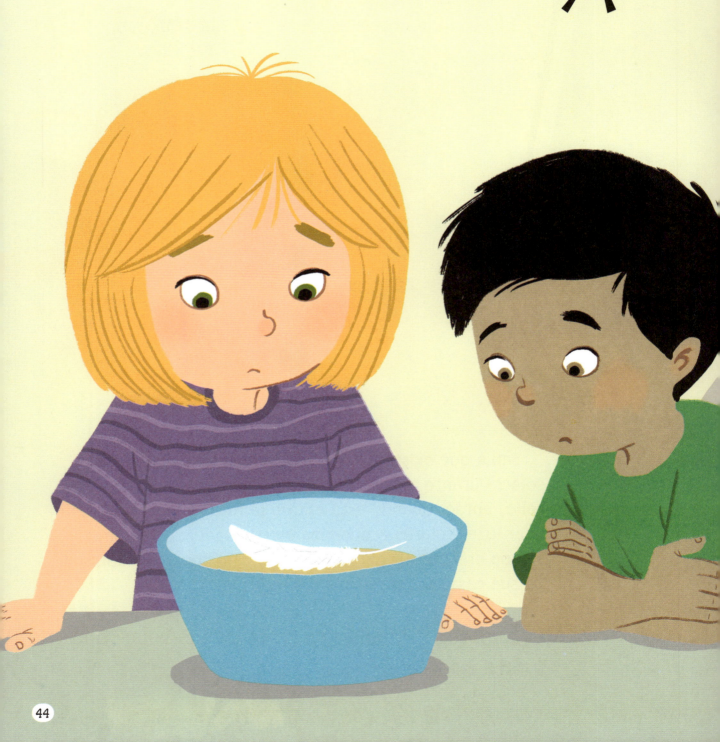

Sabia que poluir nosso solo ou nossas águas com óleo prejudica muitas espécies marinhas e terrestres, além de impedir as plantas de produzir oxigênio? Para ver como é um derramamento de óleo, encha uma tigela com água, adicione corante alimentar à água e, em seguida, despeje óleo vegetal na tigela. Você verá como o óleo flutua na água.

Em seguida, mergulhe uma pena no óleo. O que acontece?

Ajude os oceanos usando uma lixeira para lixo reciclável

Ajude os oceanos usando uma lixeira para materiais recicláveis, onde você pode descartar garrafas de plástico em vez de colocá-las no lixo comum. Sabia que milhões de toneladas de plástico são encontradas no oceano todos os anos? Todo esse plástico está prejudicando nossa vida marinha, como golfinhos, baleias, focas e até aves...

Não destrua os oceanos; em vez disso, proteja a vida marinha!

Sabia que alguns protetores solares contêm produtos químicos prejudiciais que podem afetar a vida marinha? Então, da próxima vez que for à praia, certifique-se de que o seu protetor solar seja seguro para nossas águas. Na verdade, usar manteiga de carité não só protege você do sol, como também é inofensivo para o meio ambiente.

Aproveite o dia na praia!

Sabia que pesticidas são prejudiciais para as pessoas, para os animais e para o nosso planeta? Ao cuidar do seu gramado, use pesticidas orgânicos ou, melhor ainda, simplesmente deixe a grama crescer um pouco mais. Ter a grama mais alta ajuda a evitar que a luz solar alcance as ervas daninhas e isso tornará mais difícil para elas continuarem crescendo.

Você sabia disso?

Ajude os recifes de corais, o ecossistema marinho mais diversificado!

Os recifes estão entre os ecossistemas marinhos mais ameaçados no mundo. Isso ocorre porque o aquecimento global, além de tornar nosso clima mais quente, também está elevando a temperatura das águas — e é isso que prejudica os nossos recifes. Usar lâmpadas mais econômicas, como lâmpadas halógenas ou de LED, é uma maneira fácil de ajudar a desacelerar o aquecimento global.

Mais uma ideia brilhante!

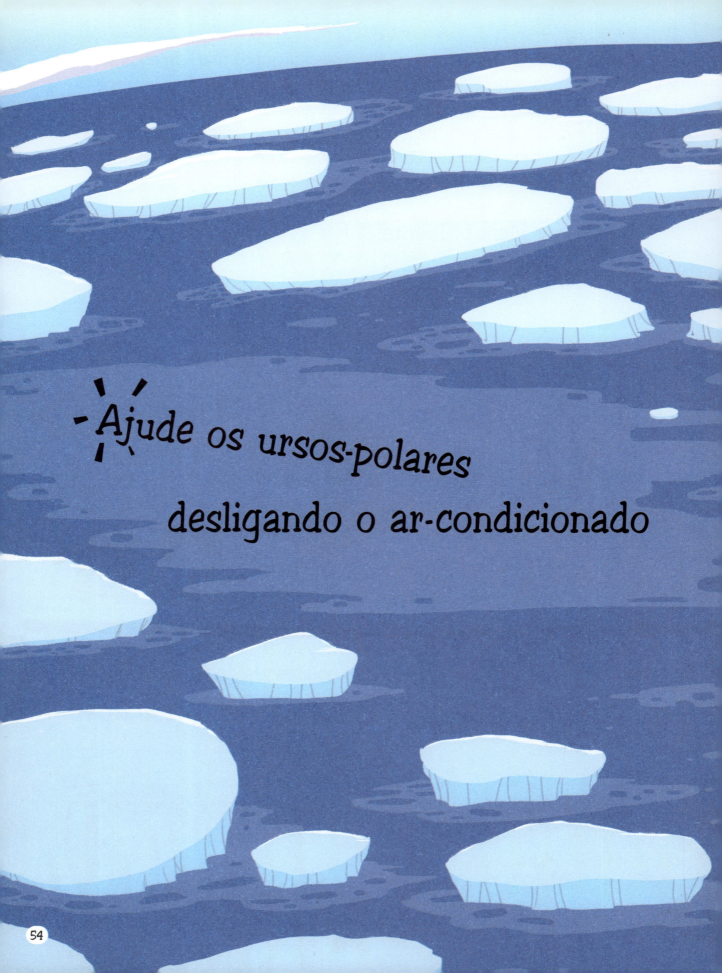

Onde quer que você more no mundo, o ar-condicionado que você usa para refrescar sua casa emite poluição no ar, o que causa aquecimento global. À medida que o clima fica mais quente, as calotas polares vão derretendo. Como os ursos-polares dependem do gelo para caçar focas, se deslocar e até mesmo fazer tocas, eles correm o risco de entrar em extinção.

Seja consciente e use menos o ar-condicionado!

Sabia que quando peixes-dourados são devolvidos aos lagos, eles prejudicam a cadeia alimentar? Isso ocorre porque eles comem coisas que são essenciais para outras espécies, como ovos de peixe e pequenos invertebrados. Além do mais, ao revirarem plantas subaquáticas, eles fazem com que mais algas cresçam na água. Algas demais podem ser prejudiciais para o crescimento de outras plantas e para a sobrevivência de outras espécies.

Mantenha seus peixinhos no aquário!

Na verdade, é um ciclo de energia! Primeiro, o arbusto produz energia que ajuda o ambiente; então, as lagartas recebem energia quando comem as folhas; depois, os pássaros obtêm energia quando comem as lagartas e, por fim, as cobras ganham energia quando comem os pássaros.

Você consegue pensar em outro tipo de cadeia alimentar?

Quando pescamos continuamente o mesmo tipo de peixe, como o atum, a quantidade desse peixe nas águas diminui. Isso não só os coloca em risco de extinção, mas também prejudica o ecossistema, pois o número de criaturas que os atuns gostam de comer, como as lulas, aumenta. E adivinhe só?

Como as lulas gostam de comer sardinhas, pode não haver sardinhas suficientes para alimentar todas as outras espécies.

Quando usamos menos papel, cortamos menos árvores e ajudamos a preservar nossas florestas. E acredite ou não, quando o papel se decompõe em aterros sanitários, ele libera um gás chamado metano, que é muito ruim para a atmosfera e aumenta o aquecimento global.

Vamos fazer nossa parte e usar o mínimo possível de papel!

Desconectar da tomada o computador, o secador de cabelo ou até mesmo a torradeira quando não estiverem em uso faz a gente economizar eletricidade e também ajuda a reduzir a quantidade de poluição que vai para a água, para o ar e para a terra.

O que mais você pode tirar da tomada?

Alimente os pássaros com pinhas recicladas e um pote de manteiga de amendoim. Na sua próxima caminhada, procure por pinhas caídas. Em seguida, leve-as para casa, passe manteiga de amendoim nelas e polvilhe com sementes para pássaros.

Os pássaros vão adorar esse lanchinho divertido e saudável!

Ao acampar, acenda uma fogueira apenas quando realmente precisar; para se aquecer ou preparar sua comida. Queimar madeira cria resíduos químicos nocivos que poluem a atmosfera. Por exemplo, quando for cozinhar salsichas, aproveite para preparar marshmallows ao mesmo tempo.

Isso é eficiente e ecologicamente correto.

Já tentou olhar para o céu e enxergar as estrelas na cidade? Quando o céu está todo iluminado pelas luzes brilhantes dos prédios, fica difícil não só ver as estrelas, mas também estudar astronomia. A astronomia nos ajuda a aprender como o Sol afeta o nosso clima e até mesmo qual é a profundidade dos oceanos.

E, além do clima, tudo isso pode afetar a sobrevivência de diferentes espécies.

Para aparar a grama do quintal, você pode trocar seu cortador de grama elétrico ou movido a gasolina por um manual, daqueles de empurrar. Em vez de usar um aspirador de pó, você pode limpar a casa usando uma vassoura.

Ao simplesmente usar seus músculos, você está evitando que gases tóxicos entrem no ar e prejudiquem nosso ecossistema.

Vamos lá!

Leia um livro quando estiver entediado

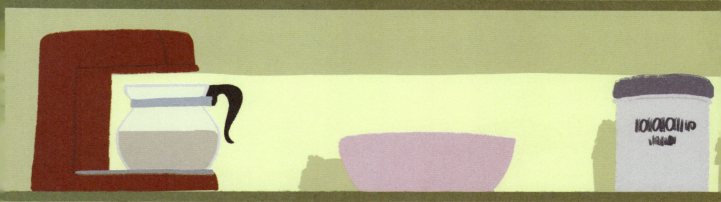

Em vez de abrir a porta da geladeira quando estiver entediado, leia algumas páginas de um livro. Pense em toda a energia desperdiçada toda vez que você vai até a geladeira, abre a porta e fica olhando lá dentro.

Economize energia e abra a porta da geladeira apenas quando precisar pegar ou guardar algo.

Quem diria que ficar entediado poderia ser ruim para o meio ambiente?

Nutra suas plantas após um chá da tarde

Despejar os restos de chá nas suas plantas é uma ótima maneira de fertilizá-las e hidratá-las naturalmente.

Quais plantas você vai convidar para o seu próximo chá da tarde?

E não se esqueça dos biscoitos!

Ajude o meio ambiente escolhendo o tipo de canudo que você usa

Usar canudo de papel ou canudo reutilizável em vez de um de plástico é uma maneira responsável e fácil de ajudar o meio ambiente. Sabia que os canudos de plástico estão entre os principais poluentes das nossas águas e que eles não só prejudicam a cadeia alimentar, mas também poluem nossas ruas e praias?

Hidrate-se!

Torne os parquinhos seguros e ajude o meio ambiente!

Você pode tornar os parquinhos seguros e também ajudar o meio ambiente. Sabia que, quando as árvores caem, elas podem ser recicladas em lascas de madeira para montar parquinhos e cobertura de parques? Substituir a superfície de um parquinho por madeira é melhor para o meio ambiente do que usar pneus reciclados. A borracha dos pneus libera produtos químicos no ar que respiramos e na água que bebemos.

Agora sim podemos nos divertir e cuidar do meio ambiente!

Crie um presente para alguém especial

Use sucatas para fazer um presente para alguém especial. Tudo o que você precisa é de um pouco de criatividade e de algumas coisinhas. Reutilize papel para fazer um cartão, decore uma caixa de sapatos com botões diferentes para fazer uma caixa de tesouros, ou faça um jardim suspenso plantando uma flor em uma garrafa de plástico cortada ao meio.

Então, antes de jogar fora, presenteie!

Todas as garrafas plásticas que você recicla podem ser transformadas em roupas. Primeiro, as garrafas são trituradas em pedacinhos muito pequenos e, em seguida, são derretidas e transformadas em fios.

Isso é o que eu chamo de moda!

Ajude a cadeia alimentar reciclando pilhas e baterias

Algumas pilhas e baterias contêm toxinas, que são prejudiciais. Por isso, quando são jogadas no lixo e vão parar em aterros sanitários, liberam no solo produtos químicos que podem atingir o lençol freático. Essa água contaminada pode prejudicar a cadeia alimentar e a água que você bebe.

Então, leve suas pilhas e baterias velhas para pontos de reciclagem especializados, para que elas sejam descartadas de forma segura!

Ajude o meio ambiente no conforto da sua casa

Imagine se todo mundo comprasse coisas pela internet e as recebesse em casa. Haveria menos carros nas ruas e menos gases poluentes sendo emitidos na atmosfera.

Vamos comprar, clicar e enviar!

Ajude o meio ambiente doando suas roupas

Vender ou doar roupas que você não usa ajuda outras pessoas a se vestirem e também evita que as roupas sejam jogadas fora. Roupas em aterros sanitários liberam gases tóxicos que prejudicam nossa atmosfera e dificultam a manutenção do verde na Terra.

Dê uma olhada nas suas roupas toda vez que mudar de estação!

Tente consertar as coisas antes de jogá-las fora.

- Consertar um eletrodoméstico, como uma torradeira, ou reparar a perna quebrada de uma cadeira é uma maneira de ajudar o meio ambiente. E quando as coisas não podem ser consertadas, retire as peças que podem ser reutilizadas antes de jogá-las fora.

- **Quanto mais tempo pudermos usar um item, mais tempo ele ficará fora dos lixões.**

Reduza o desperdício fazendo uma lista de compras

Fazer uma lista do que você precisa para a semana antes de ir às compras no supermercado é uma boa maneira de comprar apenas o necessário, em vez de encher o carrinho com comida que será desperdiçada. Além disso, pegar o carro para ir ao supermercado apenas uma vez por semana economizará combustível e manterá seu carro fora das ruas.

Vai levar apenas alguns minutos e você vai economizar tempo e dinheiro.

Dados Internacionais de Catalogação na Publicação (CIP) de acordo com ISBD

M823s	Moore-Mallinos, Jennifer
	Seja sustentável - Como tornar o mundo melhor/ Jennifer Moore-Mallinos; ilustrado por Gustavo Mazali; traduzido por Monique D'Orazio. — Jandira, SP: Ciranda Cultural, 2023. 96 p.; 20,10cm x 26,80cm.
	Título original: Go green to make the world a better place ISBN: 978-65-261-1136-9
	1. Literatura infantil. 2. Raciocínio. 3. Diversão. 4. Aprendizado. 5. Descoberta. 6. Natureza. 7. Reciclagem. I. Mazali, Gustavo. II. D'Orazio, Monique. III. Título.
2023-1624	CDD 028.5 CDU 82-93

Elaborada por Lucio Feitosa - CRB-8/8803

Índice para catálogo sistemático:
1. Literatura infantil 028.5
2. Literatura infantil 82-93

© 2021 Gemser Publications, S.L.
C/ Castell, 38; Teià (08329), Barcelona, Espanha
Título original: *Go Green*
Texto © Jennifer Moore-Mallinos
Ilustrações: Gustavo Mazali
Projeto gráfico: Estudi Guasch, S.L.

© 2023 desta edição:
Ciranda Cultural Editora e Distribuidora Ltda.
Editora: Elisângela da Silva
Tradução: Monique D'Orazio
Preparação: Karina Barbosa dos Santos
Revisão: Thiago Fraga e Lígia Arata Barros
Diagramação: Sabrina Junko

1ª Edição em 2023
www.cirandacultural.com.br

Todos os direitos reservados. Nenhuma parte desta publicação pode ser reproduzida, arquivada em sistema de busca ou transmitida por qualquer meio, seja ele eletrônico, fotocópia, gravação ou outros, sem prévia autorização do detentor dos direitos, e não pode circular encadernada ou encapada de maneira distinta daquela em que foi publicada, ou sem que as mesmas condições sejam impostas aos compradores subsequentes.